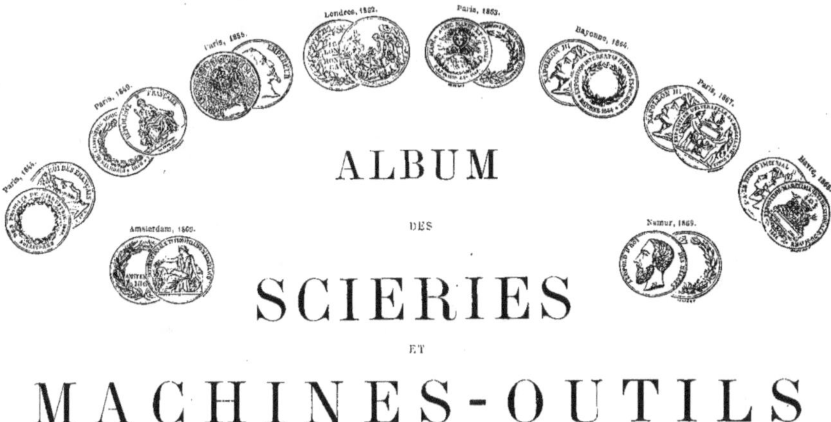

ALBUM

DES

SCIERIES

ET

MACHINES-OUTILS

DE

F^d ARBEY

INGÉNIEUR-CONSTRUCTEUR BREVETÉ

41, COURS DE VINCENNES, 41

près la place du Trône)

PARIS

—

1871

ALBUM

DES

SCIERIES

ET

MACHINES-OUTILS

DE

Fᴰ ARBEY

INGÉNIEUR-CONSTRUCTEUR BREVETÉ

41, COURS DE VINCENNES, 41

(près la place du Trône)

PARIS

—

1871

NOMENCLATURE DES DESSINS

N° 1. Scierie verticale alternative pour sciages droits, à plusieurs lames droites, avec chariot supportant et amenant les bois.
» 2. Scierie verticale alternative pour sciages courbes ou droits, à plusieurs lames, avec chariots spéciaux supportant et amenant les bois.
» 3. Scierie verticale alternative, à une lame sur le côté, avec chariot diviseur, pour feuillets, panneaux, plateaux de précision.
» 4. Scierie à lame sans fin (Ruban), avec chariot double, la lame passant au milieu du chariot.
» 5. Scierie à lame circulaire, avec chariot à crémaillère, pouvant recevoir une lame jusqu'à 1ᵐ,20 de diamètre.
» 6. Scierie transportable, à lame circulaire jusqu'à 1ᵐ,20 de diamètre, avec appareil d'amenage et cylindres à coulisses.
» 7. Scierie transportable, à lame circulaire, en travail.
» 8. Scierie verticale alternative, à plusieurs lames droites, pour dédoublage, avec cylindres guidant et amenant les bois d'une manière continue.
» 9. Scierie verticale alternative, à une lame sur le côté, pour dédoublage, avec cylindres guidant et amenant les bois d'une manière continue.
» 10. Scierie verticale alternative, à plusieurs lames, avec chariot, débitant deux madriers à la fois.
» 11. Scierie horizontale alternative, pour placage et panneaux, avec chariot montant de 4 mètres sur 0ᵐ,70 de largeur.
» 12. Scierie circulaire, à axe fixe, sans chariot, bâti en fonte.
» 13. Scierie circulaire, à axe mobile, bâti en fonte, pour feuillures, rainures, coupes de travers, d'onglet, etc.
» 14. Scierie circulaire, à axe mobile, bâti en bois, pour feuillures, rainures, coupes de travers, d'onglet, etc.
» 15. Scierie circulaire, à tronçonner, à chariot sur galets.
» 16. Scierie circulaire, à bras d'homme, à axe mobile ou fixe.
» 17. Scierie circulaire, à pédale, à dessus mobile.
» 18. Étau à coulisse, pour l'affûtage des lames circulaires.
» 19. Scierie à lame sans fin (Ruban), pour chantournements, entièrement en fonte, table inclinable.
» 20. Vue de la table de la scierie à lame sans fin, munie d'un guide parallélogrammique.
» 21. Scierie à lame sans fin (Ruban), pour chantournements, bâti en fonte, table en bois.
» 22. Scierie à lame sans fin (Ruban), pour chantournements, se mouvant à bras d'homme.
» 23. Scierie à lame sans fin (Ruban), pour chantournements, à pédale.
» 24. Banc d'affûtage pour lames sans fin.
» 25. Pince pour le brasage des lames sans fin.
» 26. Guide pour scier en relevé, à la scierie à lame sans fin.
» 27. Scierie alternative, à découper, bâti en fonte.
» 28. Scierie alternative, à découper, bâti en bois.
» 29. Scierie alternative, à découper, avec col de cygne, à pédale.
» 30. Scierie alternative, à découper, avec partie supérieure pouvant s'attacher au plafond, à pédale.
» 31. Exploitation d'une forêt par les moyens mécaniques.
» 32. Intérieur d'un atelier mécanique pour le travail du bois.

Nᵒˢ 33, 34. Machine à raboter, à plateau mobile, à deux porte-outils, pour dresser et dégauchir, système à lames hélicoïdales minces avec contre-fers. (Brevets Mareschal et Godeau.)

» 35, 36. Machine à raboter, à plateau mobile, à un porte-outils, pour dresser et dégauchir, système à lames hélicoïdales minces avec contre-fers. (Brevets Mareschal et Godeau.)

» 37, 38. Machine à parquet, système à lames hélicoïdales minces avec contre-fers. (Brevets Mareschal et Godeau.)

» 39. Machine à raboter permettant de planer ou corroyer les bois jusqu'à 0ᵐ,90 de largeur, complétée de deux porte-outils montés sur chariots pour applications diverses.

» 40, 41, 42. Machine à raboter, pouvant blanchir les bois et faire les moulures droites.

» 43. Machine à raboter alternative (dite varlope mécanique), pouvant dresser et dégauchir les petits bois.

» 44. Machine à corroyer, à disque (outil en forme de gouge).

» 45, 46, 47, 48. Machine à mortaiser et à percer, système vertical, avec chariot dans les deux sens.

» 49, 50. Machine à mortaiser et à percer, système horizontal et à crémaillère, pour construction de wagons, charpente, etc.

» 51, 52. Machine à mortaiser et à percer, système horizontal, pour menuiserie.

» 53, 54. Machine à mortaiser et à percer, système horizontal, pour ébénisterie.

» 55. Appareil spécial pour mortaiser les moyeux de roues.

» 56, 57. Machine double à mortaiser et à faire les tenons simples de grandes longueurs.

» 58, 59. Machine à faire les tenons simples ou doubles pour construction de wagons, charpente, etc.

» 60. Plateau mobile de machine à faire les tenons simples ou doubles pour menuiserie et charronnage.

» 61, 62. Machine à faire les tenons pour ébénisterie.

» 63. Machine à percer, système vertical, à plateau mobile.

» 64. Machine à percer, système vertical, à plateau fixe.

» 65. Machine à trancher les bois en feuilles de placage, avec lame mince et contre-fer.

» 66. Machine à trancher les bois en feuilles de placage, avec lame mince et contre-fer, système à bielle.

» 67, 68, 69. Machine à faire les moulures et rainures droites ou cintrées sur champ (dite toupie), avec guide de pression, bâti en fonte.

» 70. Machine à faire les moulures et rainures droites ou cintrées sur champ (dite toupie), avec guide simple, bâti en fonte.

» 71. Machine à faire les moulures et rainures droites ou cintrées sur champ (dite toupie), avec guide simple, bâti en bois.

» 72, 73. Machine à faire les moulures cintrées dans tous les sens (dites débillardées).

» 74, 75. Machine à faire les moulures droites sur bois dur, à outil fixe, se mouvant à bras d'homme.

» 76. Machine à faire les cannelures droites ou torses, les perles et ornements.

» 77, 78. Machine à façonner les rais de roues, les sabots, formes de chaussures, fusils, pistolets, etc.

» 79. Machine à entailler (saboter) les traverses de chemins de fer.

» 80. Machine à jabler, biseauter et rogner les futailles montées.

» 81. Machine à rogner les fonds de futailles.

» 82. Machine à déchiqueter les bois de teinture.

» 83, 84, 85. Tour parallèle à touches, pouvant reproduire des profils variés suivant les gabarits.

» 86. Machine à tourner les bâtons cylindriques.

» 87. Tour à pointes ordinaire, à pédale, volant en bas.

» 88. Tour à pointes ordinaire, à pédale, volant en l'air.

» 89. Grande roue avec volant en fonte et deux diamètres.

» 90. Grande roue simple à deux manivelles.

» 91. Vue des ateliers de construction, 41, cours de Vincennes, à Paris.

PRINCIPALES INDUSTRIES

AUXQUELLES S'ADRESSE CET ALBUM

<table>
<tr><td>

Arsenaux maritimes.

Arsenaux de terre.

Ateliers de chemins de fer.

Sabotage de traverses.

Constructeurs-mécaniciens.

Constructeurs de navires.

Exploitation de forêts.

Exploitations agricoles.

Scieries mécaniques.

Usines à trancher les bois de placage.

Fabriques d'armes.

Fournitures d'ébénisterie.

Facteurs de pianos.

Facteurs d'orgues.

Instruments agricoles.

Instruments de pesage.

Déchiquetage des bois de teinture.

Etc., etc.

</td><td>

Constructeurs de wagons.

Charpenterie.

Menuiserie.

Ébénisterie.

Fabriques de parquets.

Fabriques de moulures.

Modelage.

Tonnellerie mécanique.

Fabrication des sabots.

Fabrication des galoches.

Fabrication des formes.

Carrosserie.

Charronnage.

Fabrication des roues.

Layetiers-emballeurs.

Chaisiers.

Fabrication des cadres.

Etc., etc.

</td></tr>
</table>

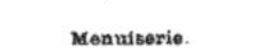

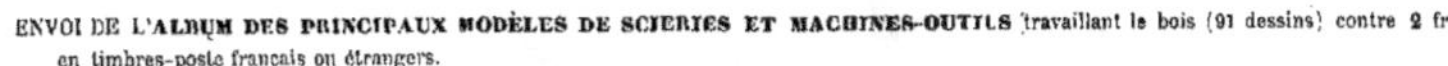

ENVOI DE L'ALBUM DES PRINCIPAUX MODÈLES DE SCIERIES ET MACHINES-OUTILS travaillant le bois (91 dessins) contre 2 fr. en timbres-poste français ou étrangers.

ENVOI FRANCO DU PRIX-COURANT en langues française, hollandaise, allemande, italienne, espagnole et grecque.

F^D ARBEY, constructeur, 41, cours de Vincennes (près la place du Trône), PARIS

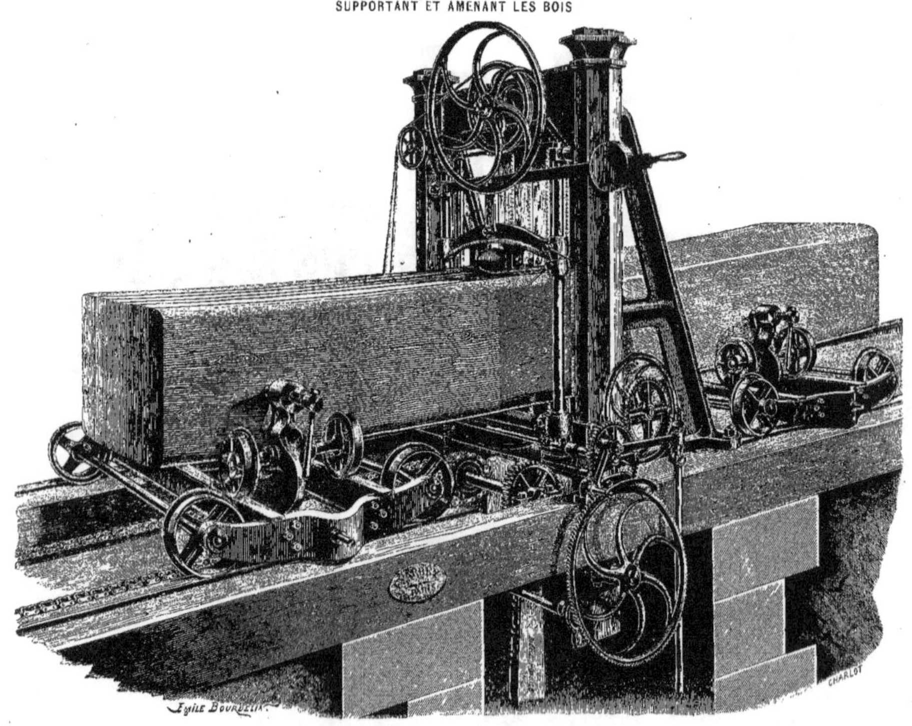

F^D ARBEY, CONSTRUCTEUR, 41, COURS DE VINCENNES (PRÈS LA PLACE DU TRONE), PARIS

Nº 3. — SCIERIE VERTICALE ALTERNATIVE, A UNE LAME SUR LE COTÉ, AVEC CHARIOT DIVISEUR
POUR FEUILLETS, PANNEAUX, PLATEAUX DE PRÉCISION

Fᴰ ARBEY, Constructeur, 41, cours de Vincennes (près la place du Trône), PARIS

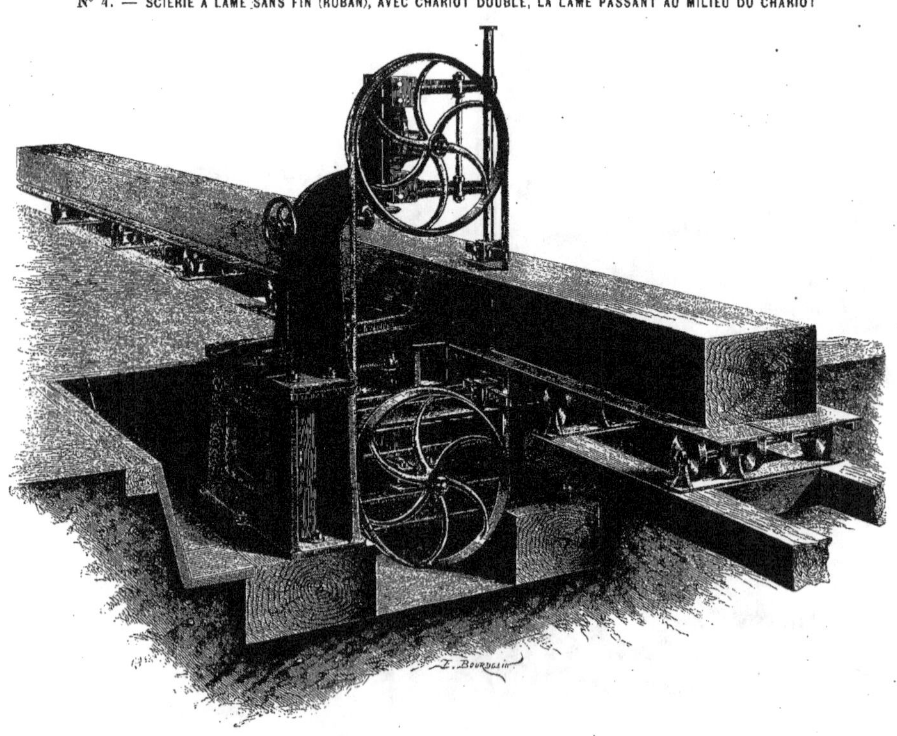

F^D ARBEY, CONSTRUCTEUR, 41, COURS DE VINCENNES (PRÈS LA PLACE DU TRONE), PARIS

Nᵒ 5. — SCIERIE A LAME CIRCULAIRE, AVEC CHARIOT A CRÉMAILLÈRE
POUVANT RECEVOIR UNE LAME JUSQU'A 1ᵐ,20 DE DIAMÈTRE

Nᵒ 6. SCIERIE TRANSPORTABLE, A LAME CIRCULAIRE, JUSQU'A 1ᵐ,20 DE DIAMÈTRE
AVEC APPAREIL D'AMENAGE ET CYLINDRES A COULISSES

Nᵒ 7. — SCIERIE TRANSPORTABLE, A LAME CIRCULAIRE, EN TRAVAIL

Fᴰ ARBEY, constructeur, 41, cours de Vincennes (près la place du Trône), PARIS

F^D. ARBEY, constructeur, 41, cours de Vincennes (près la place du Trone), PARIS

Nᵒ 9. — SCIERIE VERTICALE ALTERNATIVE, A UNE LAME SUR LE COTÉ, POUR DÉDOUBLAGE
AVEC CYLINDRES GUIDANT ET AMENANT LES BOIS D'UNE MANIÉRE CONTINUE

Fᴰ ARBEY, CONSTRUCTEUR, 41, COURS DE VINCENNES (PRÈS LA PLACE DU TRONE), PARIS

N° 10 — SCIERIE VERTICALE ALTERNATIVE, A PLUSIEURS LAMES, AVEC CHARIOT, DÉBITANT DEUX MADRIERS A LA FOIS

Fᵈ ARBEY, CONSTRUCTEUR, 41, COURS DE VINCENNES (PRÈS LA PLACE DU TRONE), PARIS

Fᵈ ARBEY, CONSTRUCTEUR, 41, COURS DE VINCENNES (PRÈS LA PLACE DU TRONE), PARIS

N° 12. — SCIERIE CIRCULAIRE A AXE FIXE SANS CHARIOT, BATI EN FONTE

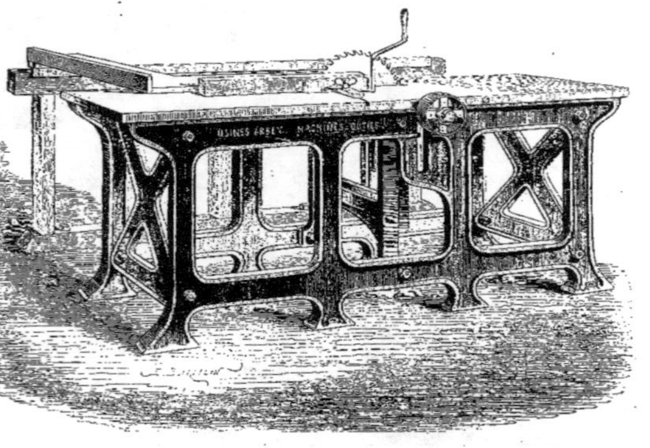

N° 13. — SCIERIE CIRCULAIRE A AXE MOBILE (BATI EN FONTE)
POUR FEUILLURES, RAINURES, COUPES DE TRAVERS, D'ONGLET, ETC.

N° 15. — SCIERIE CIRCULAIRE A TRONÇONNER, A CHARIOT SUR GALETS

N° 16. — SCIERIE CIRCULAIRE A BRAS D'HOMME, A AXE FIXE OU MOBILE

N° 17. — SCIERIE CIRCULAIRE A PÉDALE
ET A DESSUS MOBILE

N° 18. — ÉTAU A COULISSE POUR L'AFFUTAGE
DES LAMES CIRCULAIRES

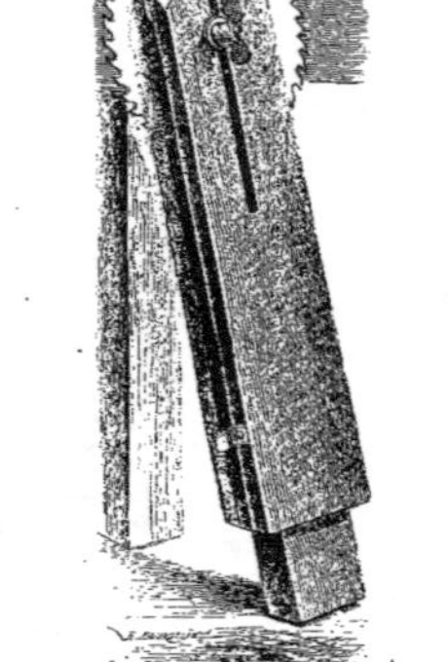

F^D ARBEY, CONSTRUCTEUR, 41, COURS DE VINCENNES (PRÈS LA PLACE DU TRONE), PARIS

Nᵒ 19. — SCIERIE A LAME SANS FIN (RUBAN) POUR CHANTOURNEMENTS, ENTIÈREMENT EN FONTE, TABLE INCLINABLE

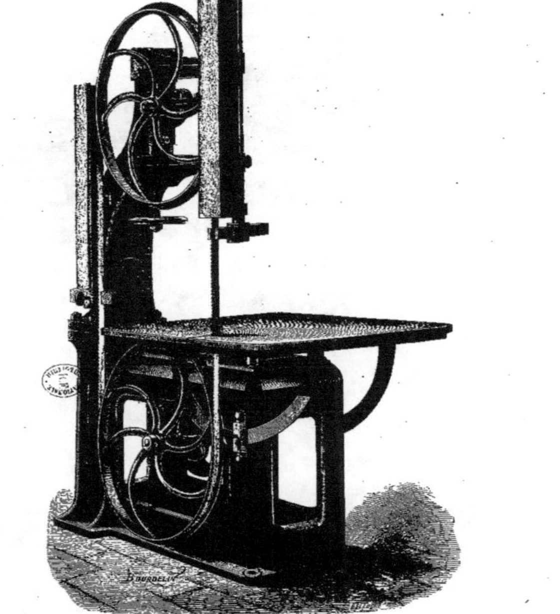

Nᵒ 20. — VUE DE LA TABLE DE LA SCIERIE SANS FIN MUNIE D'UN GUIDE PARALLÉLOGRAMMIQUE

Fᴰ ARBEY, CONSTRUCTEUR, 41, COURS DE VINCENNES (PRÈS LA PLACE DU TRONE), PARIS

No 21. — SCIERIE A LAME SANS FIN (RUBAN)
POUR CHANTOURNEMENTS, BATI EN FONTE, TABLE EN BOIS

No 22. — SCIERIE A LAME SANS FIN (RUBAN) POUR CHANTOURNEMENTS
SE MOUVANT A BRAS D'HOMME

N° 23. — SCIERIE A LAME SANS FIN (RUBAN) POUR CHANTOURNEMENTS
A PÉDALE

N° 24. — BANC D'AFFUTAGE POUR LAMES SANS FIN

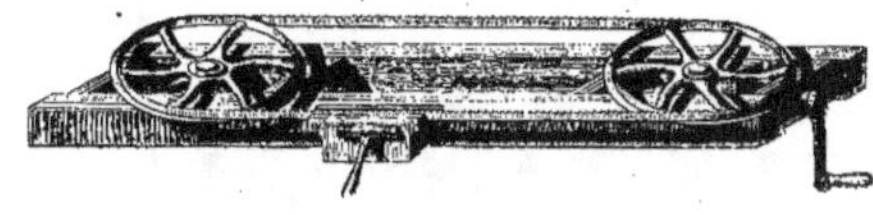

N° 25. — PINCE SPÉCIALE POUR LE BRASAGE DES LAMES SANS FIN

N° 26. — GUIDE POUR SCIER EN RELEVÉ A LA SCIERIE A LAME SANS FIN

Fᴰ ARBEY, constructeur, 41, gours de Vincennes (près la place du Trone), PARIS

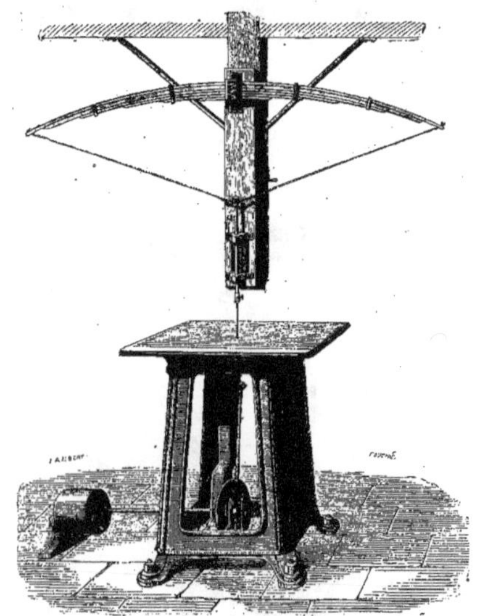

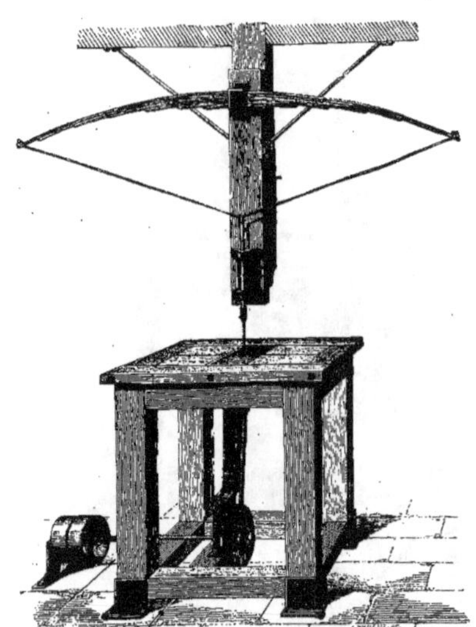

F^D ARBEY, CONSTRUCTEUR, 41, COURS DE VINCENNES (PRÈS LA PLACE DU TRONE), PARIS

N° 29. — SCIERIE ALTERNATIVE A DÉCOUPER
AVEC COL DE CYGNE, A PÉDALE

N° 30. — SCIERIE ALTERNATIVE A DÉCOUPER
AVEC PARTIE SUPÉRIEURE POUVANT S'ATTACHER AU PLAFOND
A PÉDALE

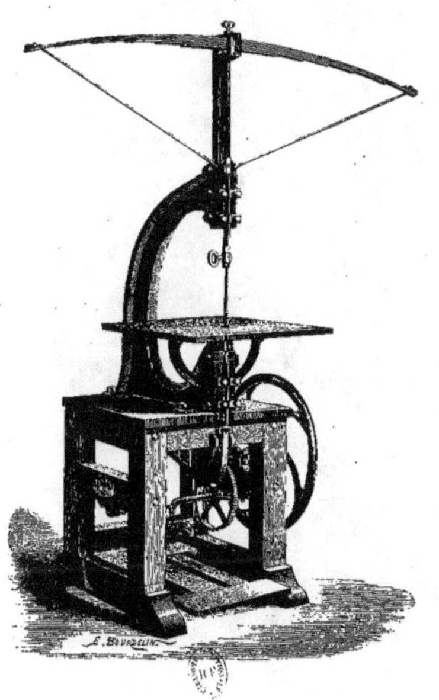

F^D ARBEY, CONSTRUCTEUR, 41, COURS DE VINCENNES (PRÈS LA PLACE DU TRONE), PARIS

F^D ARBEY, CONSTRUCTEUR, 41, COURS DE VINCENNES (PRÈS LA PLACE DU TRONE), PARIS

Fᴰ ARBEY, CONSTRUCTEUR, 41, COURS DE VINCENNES (PRÈS LA PLACE DU TRONE), PARIS

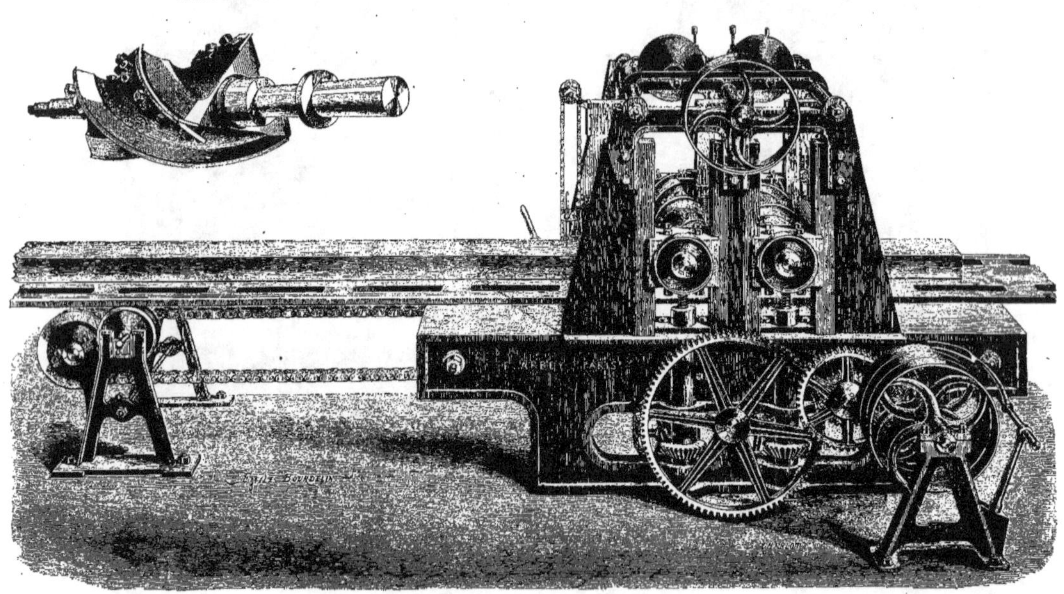

Fᴰ ARBEY, constructeur, 41, cours de Vincennes (près la place du Trone), PARIS

N° 37. — MACHINE A PARQUET, FAISANT LES TROIS OPÉRATIONS A LA FOIS OU SÉPARÉMENT, SYSTÈME A LAMES HÉLICOIDALES MINCES AVEC CONTRE-FER
LES LAMES S'AFFUTENT MÉCANIQUEMENT SUR LA MACHINE MÊME (BREVETS MARESCHAL ET GODEAU)

N° 38. — PORTE-OUTILS PRINCIPAL DE LA MACHINE A PARQUET

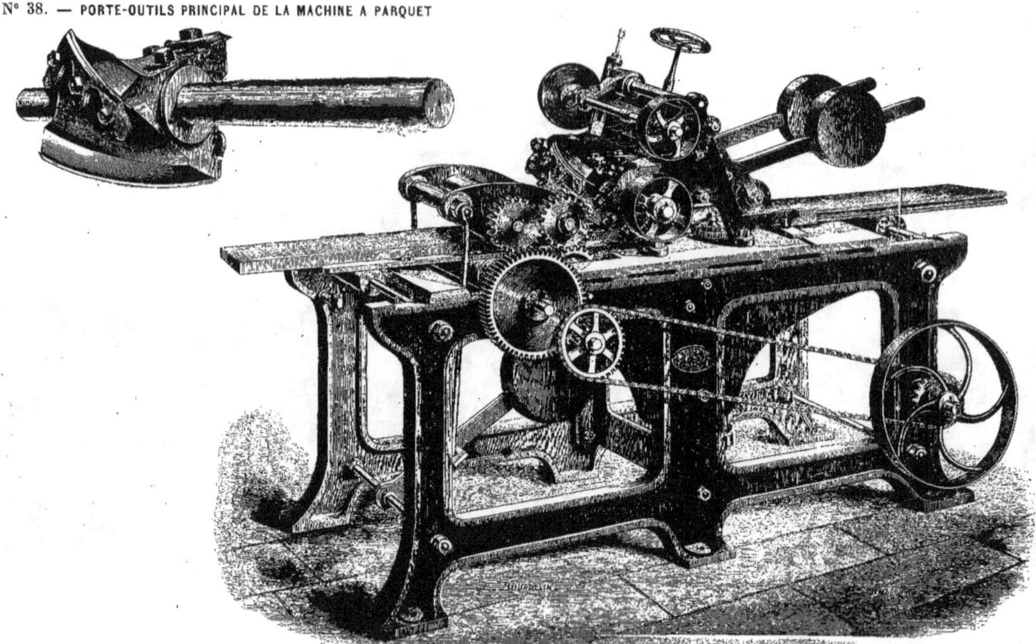

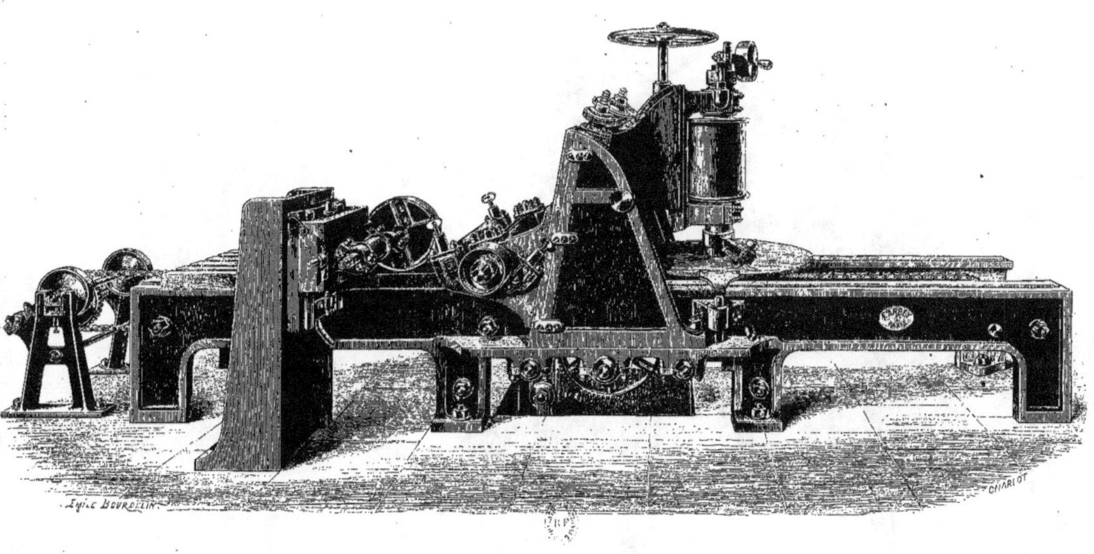

N° 39. — MACHINE A RABOTER, PERMETTANT DE PLANER OU CORROYER LES BOIS JUSQU'A 0ᵐ,90 DE LARGEUR, COMPLÉTÉE DE DEUX PORTE-OUTILS MONTÉS SUR CHARIOTS POUR APPLICATIONS DIVERSES

Fᵈ ARBEY, CONSTRUCTEUR, 41, COURS DE VINCENNES (PRÈS LA PLACE DU TRONE), PARIS

N° 40. — MACHINE A RABOTER POUVANT BLANCHIR LES BOIS ET FAIRE LES MOULURES DROITES

N°ˢ 41 et 42. — PORTE-OUTILS DE LA MACHINE A RABOTER POUVANT BLANCHIR LES BOIS
ET FAIRE LES MOULURES DROITES

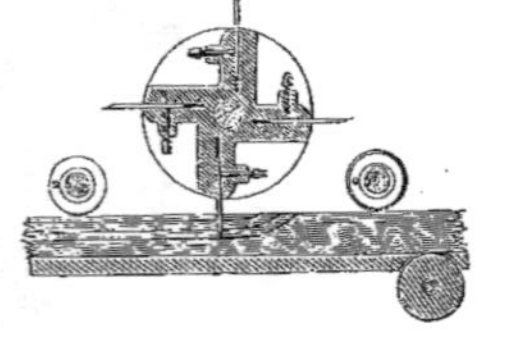
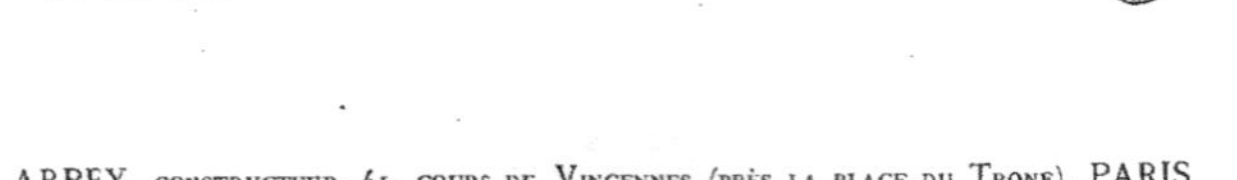
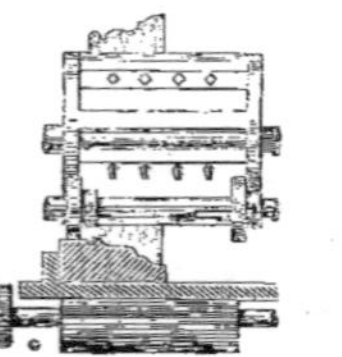

Fᴰ ARBEY, constructeur, 41, cours de Vincennes (près la place du Trone), PARIS

N° 43. — MACHINE A RABOTER ALTERNATIVE POUVANT DRESSER ET DEGAUCHIR
LES PETITS BOIS (DITE VARLOPE MÉCANIQUE)

N° 44. — MACHINE A CORROYER A DISQUE (OUTIL EN FORME DE GOUGE)

Fᴰ ARBEY, constructeur, 41, cours de Vincennes (près la place du Trone), PARIS

N° 46. — MORTAISE VUE EN PLAN

N° 47. — MORTAISE ÉQUARRIE D'UN COTÉ

N° 48. — BÉDANE DOUBLE POUR ÉQUARRIR

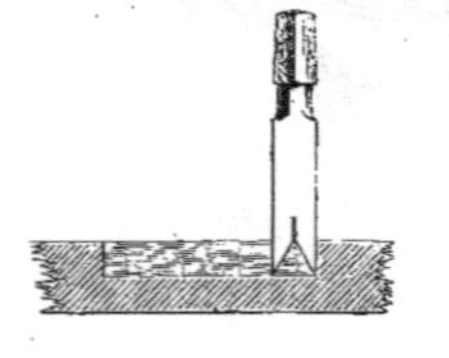

N° 50. — MÈCHE EN TRAVAIL

N° 45. — MACHINE A MORTAISER ET A PERCER, SYSTÈME VERTICAL

AVEC CHARIOT DANS LES DEUX SENS ET APPAREIL A ÉQUARRIR

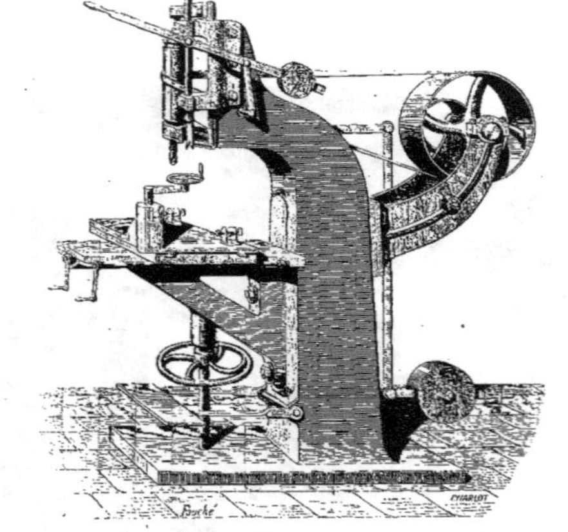

N° 49. — MACHINE A MORTAISER ET A PERCER, SYSTÈME HORIZONTAL

ET A CRÉMAILLÈRE. POUR CONSTRUCTION DE WAGONS, CHARPENTE, ETC.

SYSTÈME HORIZONTAL, POUR MENUISERIE

N° 54. — MÈCHE EN TRAVAIL

N° 53. — MACHINE A MORTAISER ET A PERCER
SYSTÈME HORIZONTAL, POUR ÉBÉNISTERIE

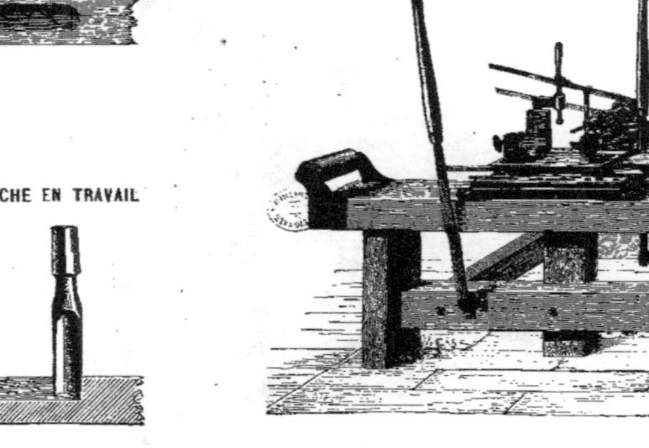

N° 55. APPAREIL SPÉCIAL POUR MORTAISER LES MOYEUX DES ROUES

Fᴰ ARBEY, CONSTRUCTEUR, 41, COURS DE VINCENNES (PRÈS LA PLACE DU TRONE), PARIS

 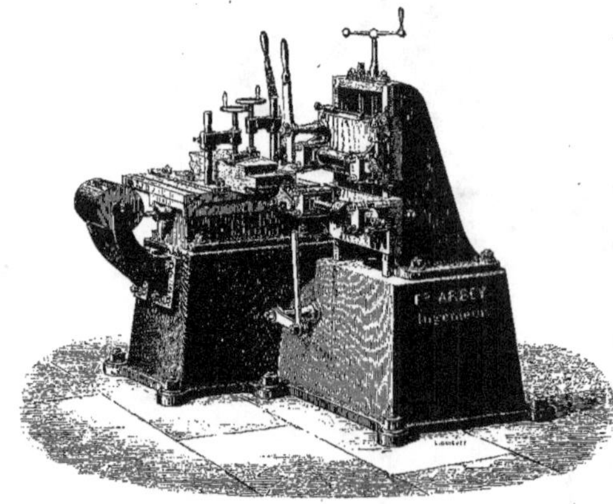

Fᴰ ARBEY, constructeur, 41, cours de Vincennes (près la place du Trone), PARIS

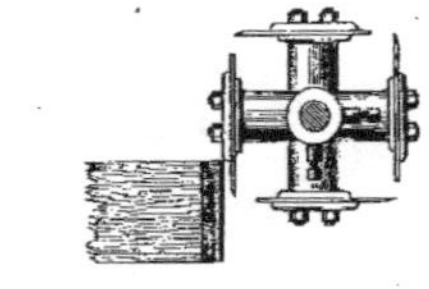

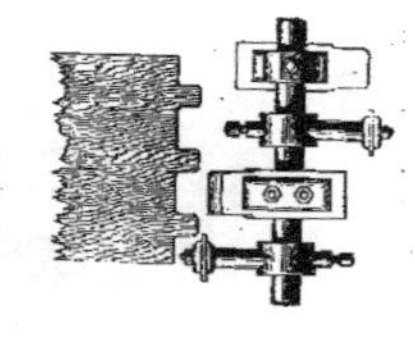

Nº 61: — MACHINE A FAIRE LES TENONS
POUR MENUISERIE ET ÉBÉNISTERIE

Nº 60. — PLATEAU MOBILE

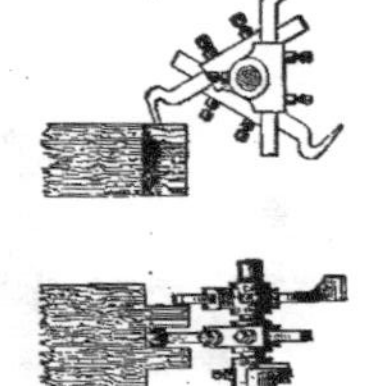

Nº 62. — PORTE-OUTILS A TROIS COUTEAUX
POUR MENUISERIE ET ÉBÉNISTERIE

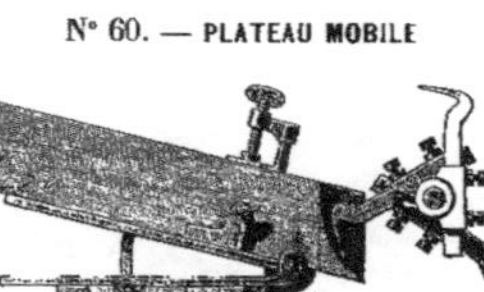

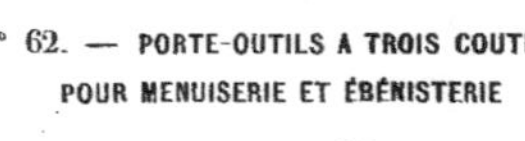

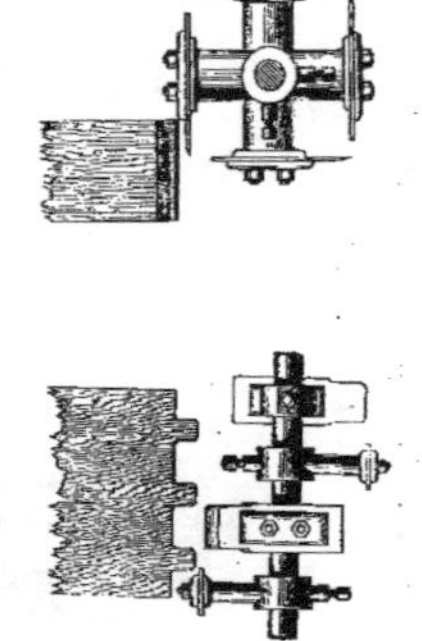

Fᴰ ARBEY, constructeur, 41, cours de Vincennes (près la place du Trone), PARIS

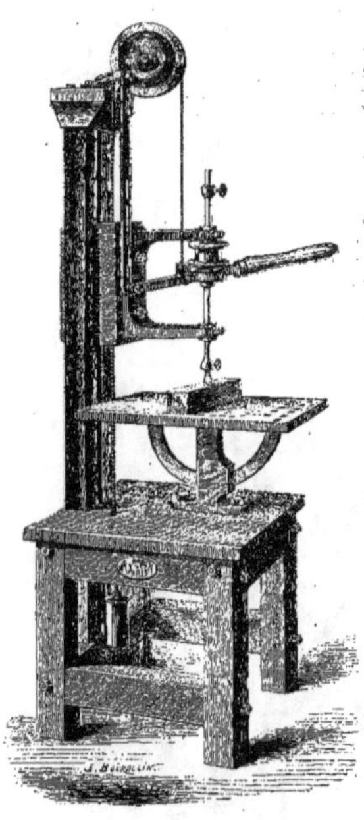

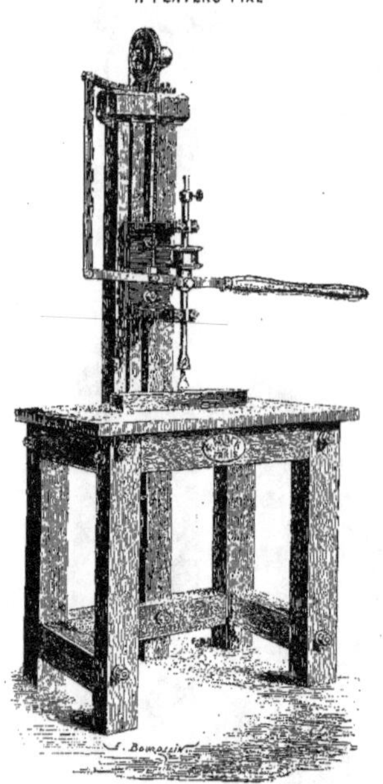

F^d ARBEY, CONSTRUCTEUR, 41, COURS DE VINCENNES (PRÈS LA PLACE DU TRONE), PARIS

Nᵒ 65. — MACHINE A TRANCHER LES BOIS EN FEUILLES DE PLACAGE

AVEC LAME MINCE ET CONTRE-FER

Nᵒ 66. — MACHINE A TRANCHER LES BOIS EN FEUILLES DE PLACAGE

AVEC LAME MINCE ET CONTRE-FER, SYSTÈME A BIELLE

F�ᵈ ARBEY, CONSTRUCTEUR, 41, COURS DE VINCENNES (PRÈS LA PLACE DU TRONE), PARIS

N° 67. — MACHINE A FAIRE LES MOULURES ET RAINURES DROITES OU CINTRÉES
SUR CHAMP (DITE TOUPIE) AVEC GUIDE DE PRESSION, BATI EN FONTE.

N° 70. — MACHINE A FAIRE LES MOULURES ET RAINURES DROITES
OU CINTRÉES SUR CHAMP (DITE TOUPIE) AVEC GUIDE SIMPLE,
BATI EN FONTE

N° 69. — OUTIL EN TRAVAIL POUR
RAINURES ET LANGUETTES

N° 68. — OUTIL EN TRAVAIL POUR MOULURES

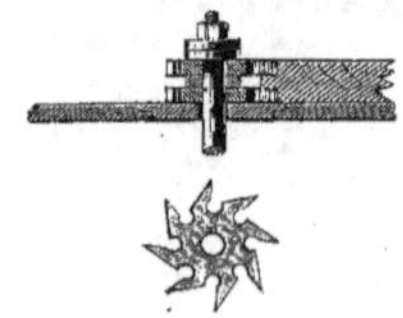

Fᵈ ARBEY, constructeur, 41, cours de Vincennes (près la place du Trone), PARIS

N° 74. — MACHINE A FAIRE LES MOULURES SUR BOIS DUR
A OUTIL FIXE, SE MOUVANT A BRAS D'HOMME

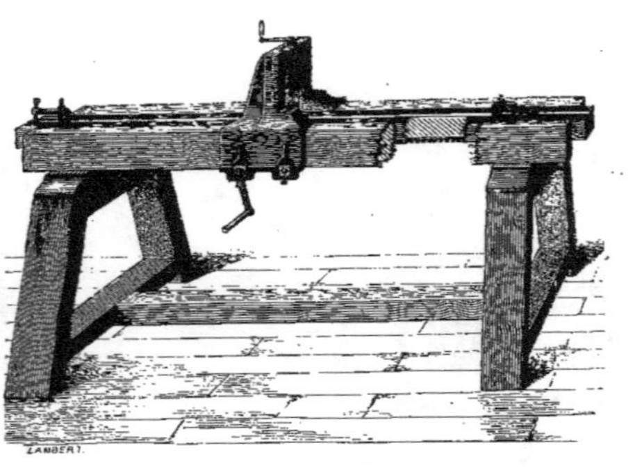

N° 75. — COUPES EN LONG ET EN TRAVERS
DU CHARIOT ET DE L'OUTIL EN TRAVAIL

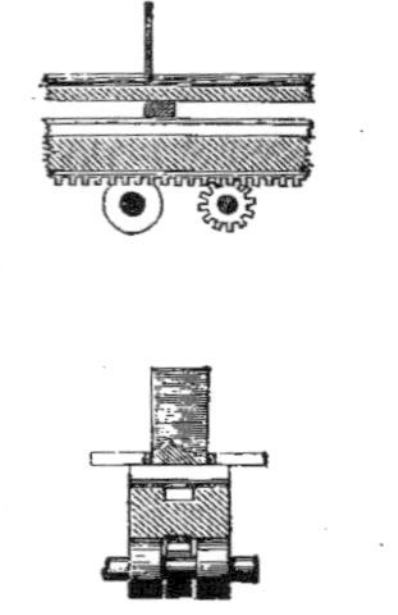

N° 76. — MACHINE A FAIRE LES CANNELURES DROITES OU TORSES
LES PERLES ET ORNEMENTS

Fᴰ ARBEY, constructeur, 41, cours de Vincennes (près la place du Trone), PARIS

Nº 77. — MACHINE A FAÇONNER LES RAIS DE ROUES, LES SABOTS, FORMES DE CHAUSSURES, FUSILS, PISTOLETS, ETC.

Nº 78. — TYPES D'OBJETS FABRIQUÉS PAR LES MACHINES A FAÇONNER

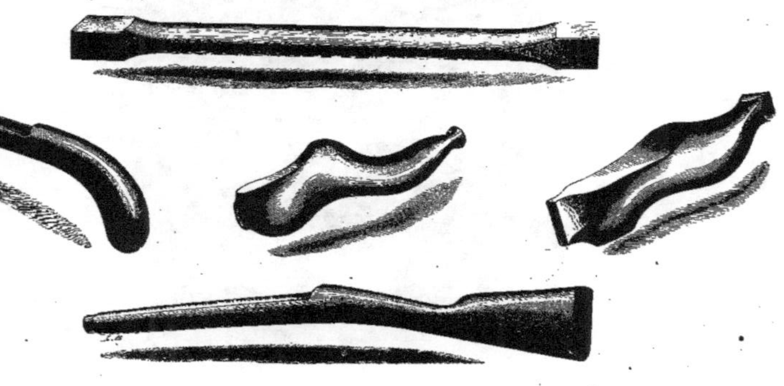

Fᴰ ARBEY, CONSTRUCTEUR, 41, COURS DE VINCENNES (PRÈS LA PLACE DU TRONE), PARIS

Nº 79. — MACHINE A ENTAILLER (SABOTER) LES TRAVERSES DE CHEMINS DE FER

Fᴰ ARBEY, constructeur, 41, cours de Vincennes (près la place du Trone), PARIS

N° 80. — MACHINE A JABLER, BISEAUTER ET ROGNER LES FUTAILLES MONTÉES

F[d] ARBEY, CONSTRUCTEUR, 41, COURS DE VINCENNES (PRÈS LA PLACE DU TRONE), PARIS

N° 81. — MACHINE A ROGNER LES FONDS DE FUTAILLES

N° 82. — MACHINE A DÉCHIQUETER LES BOIS DE TEINTURE

F^d ARBEY, constructeur, 41, cours de Vincennes (près la place du Trône), PARIS

Nº 83. — TOUR PARALLÈLE A TOUCHES, POUVANT REPRODUIRE DES PROFILS VARIÉS

SUIVANT LES GABARITS

Nº 84. — PORTE-OUTILS DU TOUR PARALLÈLE A TOUCHES

Nº 85. — TYPES DE MANCHES REPRODUITS PAR LE TOUR PARALLÈLE A TOUCHES

Fᵈ ARBEY, CONSTRUCTEUR, 41, COURS DE VINCENNES (PRÈS LA PLACE DU TRONE), PARIS

N° 86. — MACHINE A TOURNER LES BATONS CYLINDRIQUES (BATI EN FONTE)

N° 87. — TOUR A POINTES, ORDINAIRE, A PÉDALE, VOLANT EN BAS

Fᴰ ARBEY, CONSTRUCTEUR, 41, COURS DE VINCENNES (PRÈS LA PLACE DU TRONE), PARIS

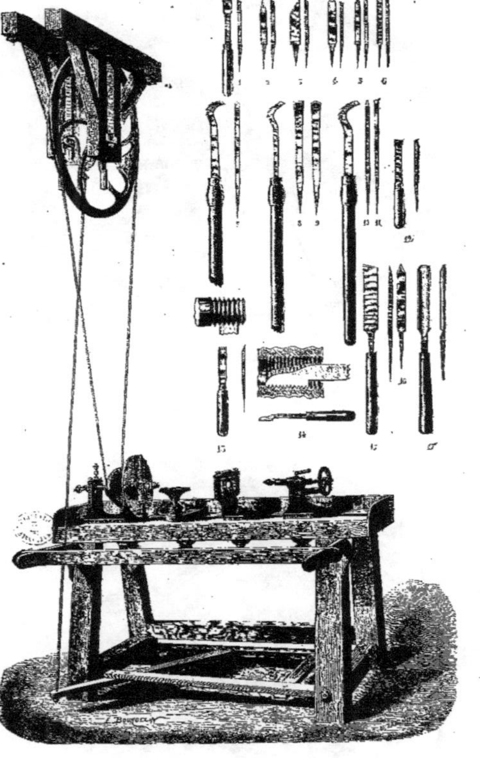

Fᴰ ARBEY, CONSTRUCTEUR, 41, COURS DE VINCENNES (PRÈS LA PLACE DU TRONE), PARIS

Fᴰ ARBEY, constructeur, 41, cours de Vincennes (près la place du Trône), PARIS

N° 91. — ATELIERS DE CONSTRUCTION DES SCIERIES ET MACHINES-OUTILS DE Fᴰ ARBEY, INGÉNIEUR-MÉCANICIEN
A PARIS, 41, COURS DE VINCENNES (PRÈS LA PLACE DU TRÔNE)

Typographie Lahure, rue de Fleurus, 9, à Paris.

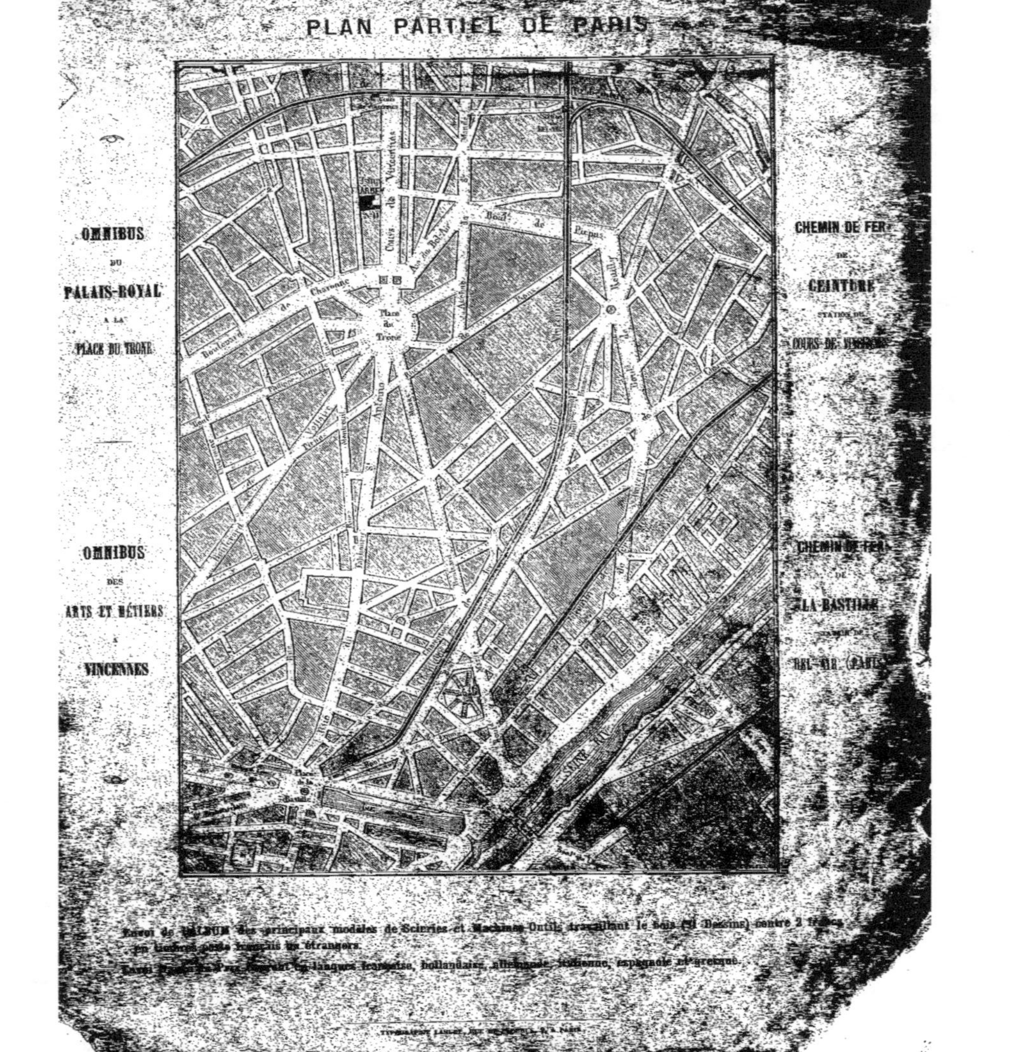

PLAN PARTIEL DE PARIS
OMNIBUS DU PALAIS-ROYAL A LA PLACE DU TRONE
OMNIBUS DES ARTS ET MÉTIERS A VINCENNES
CHEMIN DE FER DE CEINTURE STATION DU COURS DE VINCENNES
CHEMIN DE FER DE LA BASTILLE BEL-AIR (PARIS)
Place du Trône
Cours de Vincennes